AF336020

DISCOURS

PRONONCÉ

PAR LE GÉNÉRAL DE DIVISION

BARAGUEY D'HILLIERS

A SES FRERES D'ARMES

DE LA SEXTE DIVISION

a l'occasion de la fête du 26 messidor (14 juillet 1797).

A VENISE,

CHEZ JEAN ZATTA.

1797.

AN V DE LA REPUBLIQUE FRANÇAISE.

DISCOURS

PRONUNCÉ

PAR LE GÉNÉRAL DE DIVISION

BARAGUEY D'HILLIERS

à ses freres d'armes le jour de la fête
du 26 messidor.

Guerriers Républicains !

Quel glorieux et précieux devoir me confie ce jour solemnel! ce jour fameux dans nos annalles! ce 14 juillet, anniversaire de celui qui, en 1789, vit, sur les débris d'un Gouvernement trop justement abhorré, la nation francaise recouvrer ses antiques droits! C'est à cette heure que coulait le sang des satellites de la tirannie, lorsquénflamé d'un généreux courroux, le peuple de Paris renversait les murs de la Bastille et par une insurrection légitime commencait cette immense, cette illustre révolution qui a régénéré la nation francaise et promet de régénérer l'Europe, soit en apprenant aux nations esclaves le secret de leur force et de leurs droits; soit en inspirant aux Rois, une salutaire modération !

Que cejour si fameux dans l'histoire de la France acquiert encore un brillant éclat, losrqu'il nous rapelle cette premiere et mémorable fédéra-

* 2

(4)

tion de tous les français, qui en 1790 serra les
noeuds de la plus sincere fraternité. Là, tous les
citoyens pressés et réunis n'eurent dans ce jour
d'allégresse publique qu'une idée, un sentiment,
un refrain: les entendez-vous encore s'écrier au
champ de Mars, *vivre libre ou mourir!* Soldats
de la patrie, vous avés rempli ces serments au-
gustes puisque vous aves conquis la paix à force
de Victoires. L'amour de la liberté parcourut
vos villages, vous formâtes vos Bataillons pour
la déffendre et des Pyrénées à Dunkerque, des
Voges et des Alpes à l'Océan, les enseignes tricolor vous réunirent comme les enfants d'une
même famille armés pour la même cause. Quelle
cause en effet fut jamais plus sainte! C'est sous
ses enseignes, c'est guidés par le génie de la liberté nationalle, qu'également étrangers aux factions et aux partis politiques qui out divisé les
français et déchiré les plus riches départements
de la France, vous avez assuré l'indépendance de
votre pays dans sept campagnes célébres qui vous
immortalisent à jamais parmi les nations libres
et guerrieres.

Que ce jour est fécond en grands sentiments
et en beaux souvenirs! quel homme, quel citoyen, peut le voir luire et ne par éprouver un
noble orgueil d'appartenir à la nation française
qui à fait dépuis sept ans de si mémorables cho-
ses, et à son gouvernement populaire qui comme
Hercule enfant a déjà étouffé tous les serpents
qui out osé attaquer son berceau, et qui promet
à sa maturité d'éblouir l'univers de l'éclat de ses

vertus publiques, de sa gloire et de sa prospé-
rité! quel soldat peut n'être pas fier d'avoir été
associé aux immenses travaux des armées fran-
çaises, et d'avoir partagé dans celle d'Italie, l'
honneur de détruire dan une seule campagne de
18 mois, six armées ennemies, et d'affranchir vingt
peuples opprimés..! Mais, les palmes les plus
glorieuses out été ensanglantées, chacun de ces
triomphes a couté des victimes, La guerre en fu-
reur les a moissonné...qu'il est juste d'honorer
leur mémoire; qu'il est doux d'offrir aux ombres
de ces intrépides camarades tombés au champ d'
honneur sous le fer ennemi, l'hommage de nos
regrets et de notre douleur! L'histoire consacrera
leurs noms, la patrie doit les célébrer par des fê-
tes publiques, car c'est ainsi que dans les gou-
vernements libres, l'amour, le respect, l'estime
des citoyens se manifestent, et devancent la tardi-
re trompette de la posterité. Guerriers! Cette
pyramide funèbre chargée de leurs noms respecta-
bles nous rappelle ces pertes douloureuses. Offi-
ciers et soldats, tous, y sont confondus sous le
niveau du néant comme ils ont confondu leur
gloire aux champs de bataille. Eh! qui de nous,
parmi ces héros n'a pas à pleurer un parent, un
frere, un fils, un ami fidele! qui de nous pourrait ne pas s'attendrir au souvenir des pertes qu'
il a faites! il est sans doute dans cette foule
immense qui concourt à cette fête, il est quelques meres, quelques épouses, quelques amantes
inconsolables qui retrouvent sur ce monument
funéraire des noms qui rouvrent toutes les playes

(6)

de leur douleur. Eh bien! que l'amitié, que la nature, que l'amour même, viennent donc ici mêler leurs larmes aux nôtres, à celles de la patrie, suspendons des guirlandes nouvelles à ces tristes Ciprès et que l'olivier de la paix s'y enlace parmi des fleurs avec les lauriers de la gloire : mais après avoir sastifait aux besoins impérieux d'une douleur trop juste, après avoir laissé couler nos pleurs, après avoir obéi à cette honorable faiblesse de l'humanité, ne serat-il pas juste de chercher des consolations, et n'est-il pas digne de vos ames républicaines de les trouver dans le souvenir des actions utiles, des services inappréciables que ces freres d'armes ont rendu à la Patrie par leur constance dans les privations, leur infatigable ardeur dans les marches, leur audace dans les combats, et par leur mort même, ou continuant d'offrir des exemples héroiques de courage et d'énergie ils s'écriaient encor en exhalant le dernier soupir. *Vive la République!* Ah combien les dernieres paroles des mourants acquierent un grand caractère et font des impressions profondes! Ces mots sublimes ont enfanté des prodiges. Ces braves, ces héros de la France, étaient consolés de leurs douleurs eu pensant qu'ils mourraient pour leurs pays. famille, parents, amis de ces victimes ne soyés point jaloux de ces derniers sentiments. En pensant à leur Patrie pour laquelle ils ne se plaignaient point de mourir glorieusement aprés avoir combattu, ils vous rendaient le plus pur hommage, cas dans le coeur du bon citoyen, l'amour de la Patrie est la réunion de

toutes les affections les plus tendres et les plus
sublimes. Mânes de Dubois, de Stengel, de la
Harpe, Mânes enfin des héros morts pour la Patrie au champ d'honneur sortez du sein de vos
tombeaux, réveillez vous à mes accents, venez
parmi nous, parmi des fréres qui vous pleurent,
qui vous regrettent, qui vous honorent, qui con-
serveront toujours pour vos vertus une tendre et
respectueuse estime. Accourés, à votre approche
tous les coeurs sont émus, tous les bras vont s'
ouvrir pour vous embrasser, vous verrez tous les
yeux verser des pleurs . . . Amour sacié de la Patrie et de la République, auguste Liberté, divi-
nités des Peuples et des sages présidés à cette fête et jouissés de nos transports fraternels! et vous
furies, vous monstres effroyables qui présidés aux
factions, qui secoués les torches de la guerre ci-
vile parmi les citoyens, fléaux horribles qui trai-
nés après vous tous les crimes, les soupçons les
jalousies, les hâines, les discordes, qui empoison-
nés de votre souffle affreux les plus purs les plus
nobles sentiments, qui divisés les peuples et les
familles, qui armés les peres contre les enfants,
les freres contre les freres, les citoyens contre les
citoyens et couvrés d'un long deuil les lieux que
vous infectés. Serpens détestables! fuyez loin d'
ici, vous nous faites horreur, allez! Les camps
français asiles de l'union et du patriotisme ne ren-
ferment que des citoyens innaccessibles à vos fu-
reurs et qui ne reconnaissent, n'adorent et ne vi-
vent que pour la Patrie, les loix et la Liberté
(ici le discours a été interrompu pas des maniu-

vres et des feux de monsqueterie en l'honneur
des morts. Après ces évolutions le général a con-
tinué ainsi).

Compagnons! Vous venés d'offrir un hommage
solemnel, de remplir un devoir sacré, vous avez
honoré des compagnons d'armes que l'amour de
la Liberté avait réuni sous vos drapeaux, vous
avez honoré des freres et manifesté vos regrets.
Je vous ai vu pleurer. C'est leur éloge et le votre car les soldats de la Liberté sont tous enfants
de la même famille. C'est à cètte union touchan-
te, c'est à cette harmonie inaltérable que l'armée
d'Italie a toujours conservé dans son sein qu'elle
doit une partie des ses étonnans succès. Jamais
une défaite n'a flétri ses lauriers, qu'elle est celle
de ses émules qui pourrait prétendre avoir mieux
répondu qu'elle à l'attente de la Patrie. Parcou-
rez avec moi toutes les époques de cette campagne brillante et digne d'une éternelle mémoire,
de cette campagne qui n'est qu'un long euchaî-
nement de prodiges et dans le cours de laquelle
les conceptions du génie ou été si glorieusement
éxécutées par la bravoure républicaine.

L'armée française couverte de haillons, n'ayant
depuis six mois en d'autres vivres que quelques
chataignes disputées aux animaux sauvages habi-
tants des Alpes, sans artillerie, sans munitions
ni magasins, mais forte de cette ardeur qui brû-
le, qui dévore les ames des républicains, losqu'ils
ont à lutter contre les eunemis de la Patrie, s'
élance guidée par le génie de Bonaparte des bords
du Var et des murs de Savone sur les armées

coalisées de l'Autriche, de Naples et du Piémont. Champs de Voltry, de Montenotte, de Cossaria, de Millesimo, de Dego, de Céva, de Mondovi de Chérasco vous fûtes les premiers théatres de son audace! Vous vites en 15 jours 14 combats sanglants et 14 victoires. Les armées coalisées, exterminées, abattues, épouvantées se divisent, Amédée sort de sa capitale pour implorer la paix, et l'armistice est signé en courant après les Autrichiens et les Napolitains qui fuyent abandonnants Céva, Coni et Tortone. Bientôt le Pô est franchi a plaisance aprìs le combat de Fombio, envain ils cherchent un réfuge derriere l'Adda, envain ils rassemblent leurs forces au pont de Lodi après avoir été defaits à Casal-envain ils ont 25000 hommes, une artillerie formidable qui le déffendent; vous arrivés et sous le feu croisé de 30 pieces de canon le pont redoutable est enlevé au pas de course, l'Adda reconnait vos Loix et Milan voit flotter sur sa citadelle létendart tricolor, cet oriflamme fameux illustré par votre courage et qui est devenu celui des philosophes et des peuples dignes de la Liberté. Mais a peine l'armée francaise s'est-elle reposée quelques jours, qu'avec l'impétuosité d'un torrent, la célérité de l'éclair elle franchit Loglio, et court sur le Mincio après de nouveaux lauriers. L'ennemi y déffend euvain Borghetto, Valléggio; Peschiera, Véronne, S. George, le tems d'arriver suffit pour le vaincre encore les montagnes du Tyrol, les champs du Frioul suffisent à peine pour cacher sa honte et sa défaite et Mantoue est bloquée de toutes parts. Tandis qu'une partie de l'armée francaise contient les troupes autrichiennes derriere la Lavis et la Brenta, l'autre chasse les Anglais de Livourne conquiert de nouveau la Corse et à son approche Bologne, Ferrare, Modène, Reggio sortent de l'esclavage d'un pape ou d'un duc, leurs fers sont brisés, leurs oppresseurs chassés, et bientôt les armes de ces républicains nouveaux, vout venir partager vos travaux et vos efforts. Cependant Wurmser est arrivé a la hâte sur l'Adige pour rallier les légions autrichiennes découragées, il les rassemble et descend vers Mantoue en en inondant Salo, Lonato, Brescia et Castiglione. Vous étiez plus faibles que vos ennemis alors, mais Bonaparte qui à votre exemple ne les a jamais compté pour les vaincre, fort de son génie et de vos vertus plus que du nombre combat à votre tête, supplée a tout par ses talents son sang froid son audace et la victoire vous est fidelle. campagnes de Salo, de Gavardo, de Castiglione, lieux jusqu'àlors ignorés, vos sillons sont abreuvés du sang répandu dans ces luttes sanglantes, mais vous avez vu les francais combattre et vaincre... Allez vous étes à jamais célébres. Ce n'est cependant point assez pour l'intrépide armée d'Italie d'avoir déjoué les calculs du vieux général autrichien elle veut à chever sa défaite et poursuit ses phalanges en désordre vers Montebaldo, la Corona et Trente, Wurmser se jette sur la Brenta il yest suivi avec une vivacité inouie, 60 milles sont franchis en deux jours, malgré les combats qu'il faut livrer à chaque pas, les montagnes de neige qu'il faut gravir, malgré

porto Legnagno, qu'il faut enlever. et les débris
de l'armée autrichienne après avoir fui pendant
quatre jours trouvent à peine après la bataille de
S. George, un asile dans les murs de Mantoue.

A' cette armée détruite l'orgueillense autriche
un mois après en fait succéder une autre. Alvinzi
parait pour suivre bientôt la destinée de Beaulieu
et de Wurmser. Mais auparavant il cherche à ten-
ter un grand effort. Il passe d'un côté la Piave et
la Brenta tandis que d'autres divisions marchent
vers Rivoli. si Vaubois cede un moment de ce côté a des forces trop supérieures, la victoire sourit
a votre valeur à l'obstination du courage dans les
champs de Ronco et d'Arçole, ou le succès n'est di-
sputé trois jours entiers que pour être plus com-
plet et plus décisif. Mais pour que Mantoue, li-
vrée depuis longtems aux horreurs de la disette et
de l'epidémie, succombat et permit à l'audace française de changer la guerre déffensive en offensive,
il fallait qu'une nouvelle défaite détruisit entiere-
ment l'armée autrichienne et fit perdre à cette for-
tesse tout espoir ultérieur de secours. L'occasion
s'en présente enfin, le génie de Bonaparte s'en em-
pare habilement et votre intrépidité seule est digne de lui. C'est Alvinzy, c'est Provera qui se
présentent. L'un attaque de front à Rivoli, l'autre
pénétre jusqu'à S. George par Anghiari, mais com-
battus tour à tour dans la même journée ils sont
tour a tour vaincus. L'un est chassé jusqu'à trente, l'autre et fait prisonnier avec sa colonne et
Wurmser capitule enfin avec Mantoue.

Mais déjà le prêtre de Rome avait essayé la

valeur française et sa ridicule armée forcée dans ses
retranchements derriere le sénio avait abandonné
Imola, Faënza, Forli, Ancônne et Lorette à la
seule approche de vos bataillons et des nouveaux
grenadiers de la Cisalpine. Je ne vous parle de ce
singulier ennemi que par respect pour l'ordre hi-
storique des faits. Car qu'est ceque cette conquête qui fit pâlir le pape et tout le sacré college,
auprès de celle du reste de l'Italie et d'une partie
de l'Allemagne, qui a enrichi la France de tous
les trésors des beaux arts, fondé deux Républiques,
rendu la liberté a vingt peuples esclaves, et promet la paix aut reste du monde!

Le tibre avait à peine pâli à l'aspect des drapeaux français qu'ils paraissaient déjà sur le Lavis et manacaient la Livenza, ce n'est plus dans
les riches plaines du Mantouan, de la Lombardie
et de la Romagne qu'ils vont briller, et prouver
que le soldat français partout intrépide, partout
supérieur aux événements, aux obstacles, aux cho-
ses, est partout terrible à ses ennemis; c'est dans
les rochers affreux du Tyrol, c'est aux bords des
précipices le plus profonds, c'est sur des sommets
couverts d'âpres sapins et de glaces éternelles, c'est
en traversant des torrents furieux, c'est en dom-
ptant, par tout, les hommes, les élements et la
nature qu'il va signaler son courage et ajouter de
nouveaux lauriers à ceux dont il est déjà chargé.

Ce n'est plus Alvinzy, Beaulieu ou Provéra
qui vont paraitre sur la scene, la fortune les rem-
place par un jeune guerrier célébre par ses succès
sur le Rhin, ce ne sont plus des légions affaiblies,

désorganisées, découragées qui osent s'opposer à vos projets, ce sont des bataillons nouveaux aguerris et fiers de leurs travaux et de leurs victoires. Ils ont affranchi le Mein le Nekre et le Danube ils comptent encore sur la conquête de l'Italie, mais c'est en vain que Charles et ses compagnons croyent triompher de Bonaparte et des francais. Tandis que quelque uns de vous, en remontant l'Adige, s'elancent au milieu des âpres montagnes du Tyrol ou le fanatisme d'un peuple superstitieux et grossier, change chaque habitant en soldat et chaque bois, chaque montagne en un camp, qu-ils sont vaincus a Lavis à Cimbra a S. Michel a Cluzen à Brixen à Mitterrvaldt à Mulbach, par la division francaise du Tyrol, le reste de l'armée abandonne les bords de l'Adige et de la Brenta pour franchir la Livenza et la Piave. Charles l'attend au Tagliamento et s'est retranché sur ses bords escarpés derriere les sept bras impétueux dans les quels son cours se partage à Codroipo, Charles croit l'arrêter, vains et inutiles efforts! c'est sous le feu de vingt batteries, c'est sous la mousqueterie des retranchements que le torrent est passé! Plus l'obstacle est grand, plus la victoire est belle. Lizonzo frémit de vos triomphes et Trieste et Gradiska vous ouvrent leurs portes. Déjà le frioul est franchi, déjà les sommets glacés des Alpes nauriques vous voient paraître, tout fuit, tout se disperse devant votre marche, les ruisseaux de soufre et de bitûme que le Vésuve vomit au loin dans ses terribles éruptions, n'ont un cours ni plus

rapide ni plus violent . Bientât les gorges de la
Pontéba , celles de Gratz sont derriere vous et de
la vallée de la Draw à celle de la Muhr vous ne faites
qu'un pas rapide. vous ne dévoriez ainsi les lauriers que pour atteindre l'olivier et c'est à Leo-
ben, c'est à vingt lieues de la capitale ennemie que
le vainqueur tend encore au vaincu ; la main de
la philantropie et lui offre la paix .

Bonaparte , du milieu de son camp victorieux
dit au prince Charles , avec générosité .

» La guerre a déjà moissonné trop de victi-
» mes , pourquoi nous battre encore quand les
» loix de l'humanité & l'interêt de l'Europe nous
» invitent à la paix. Cessons ces querelles san-
» glantes , & rendons le repos au monde dévasté
» depuis six années ....

Charles , (il faut le dire à sa gloire) ne
fut point insensible à cette proposition , & l'Autriche écoutant enfin ses véritables intérêts , si-
gna les préliminaires de paix .... La paix .... la
paix & ses douceurs , tels sont les fruits les plus
glorieux de vos exploits. Vous êtes grands , illustres,
immortels , vous êtes dignes de l'éstime de la patrie et chargé par notre général en chef de vous
offrir pour récompense de vos travaux , le tribut
d'éloges que vous mérités ; j'ai cru ne pouvoir
rien préferer au simple récit de vos propres
actions , car on ne peut vous rien dire de plus
que de vous entretenir de vous mêmes . Après
de si mémorables travaux vous devez espérer de
vous réposer sur votre gloire & d'en recueillir
le fruit dans les preuves d'éstime de vos conci-

toyens Mais si jamais la fourbe politique des rois avait par des apparences cherché à tromper la nation francaise , ou si ses ennemis intérieurs osaient réléver une tête superbe, Soldats , mes camarades , c'est sur ce mausolée que vous aiguiseriez de nouveau vos bayonnettes & j'espère que vous feriez sentir encor à nos ennemis le poids de votre indignation & de votre vengeance .

Dans le cours de la campagne active que le traité de Léoben a suspendu , vous avez usé ces drapeaux que vous avait confié le génie de la Liberté & à l'ombre desquels vous avez terrassé l'infâme coalition des rois. Comme vous ils n'ont été épargnés ni par les élémens , ni par les balles ; comme vous ils sont couverts d'honorables blessures , & si vous continuiez à les porter , ces guides de votre valeur n'éxisteraient bientot plus.

Le général en chef a pensé qu'il était utile de les remplacer afin de les conserver aux hommages de la posterité , afin que réunis sous les yeux du directoire éxécutif auprès des drapeaux vaincus, ils attestassent éternellement les travaux & les victoires de l'armée d'Italie.

Recevez donc au nom du directoire éxécutif & du général en chef, ces enseignes nouvelles chargées de vos trophées , chargées des emblêmes da l'Union & de la Liberté, & décorées des lauriers de la victoire . Passons ce jour d'allégresse dans les doux transports du patriotisme satisfait et vous ombres fameuses des guerriers morts au champ d'honneur , reposez en paix dans le sein de la rénommée , entretenés votre immortalité d'une pensée qui seule vaut un siecle de bonheur. Un législateur romain disait en mourant : j'avais trouvé Rome batie de boue & d'argile, je la laisse batie en marbre & en métal. En expirant chacun de vous a pu dire: j'avais vu la France chargée de bastilles, de parlments, de satellites, de préjugés & de chaînes & déchirée par la guerre; je la laisse avec une législature tutélaire des armées patriotes, des tribunaux réglés, un pouvoir éxécutif ferme et immuable, une constitution régénérante et incorruptible et jouissant déjà des bienfaits de la paix. Vive la République.

Pour Copie Conforme

BARAGUEY D'HILLIERS.